Lachen Sie sich krank,
dann bleiben Sie gesund

Weltbild Buchverlag
– Originalausgaben –

© 2015 Weltbild Verlag GmbH, Industriestrasse 78, CH-4609 Olten

ISBN: 978-3-03812-609-6

Konzept und Idee: René Hildbrand / Lukas Heim
Illustrationen: Ted Scapa
Covergestaltung: Thomas Uhlig, der UHLIG, www.deruhlig.com
Layout Innenteil: Uhl + Massopust, Aalen
Lektorat: Susanne Dieminger

Besuchen Sie uns im Internet: www.weltbild.ch

René Hildbrand

Lachen Sie sich krank,
dann bleiben Sie gesund!

Die 777 witzigsten
Sprüche & Reime

Mit Illustrationen von
Ted Scapa

Weltbild

Inhaltsverzeichnis

Dies zuvor

Heiterkeit und Lachen lösen Spannungen, Probleme werden für eine Weile vergessen. Lachen ist inneres Joggen. Und: Die Menschen sind zweifelsfrei am liebenswürdigsten, wenn sie am frohesten sind.

Mit Freude habe ich für Sie aus meinen vielen erfolgreichen Humor-Bändchen, die seinerzeit im Berner Benteli-Verlag erschienen sind, eine bunte Best-of-Sammlung der lustigsten Sprüche, Reime und Alltags-Weisheiten zusammengestellt.

Die unverändert aktuellen Themen reichen von Arbeit, Liebe, Kindern, Essen und Trinken bis hin zu Sport, Politik oder Astrologie. Lassen Sie sich gefangen nehmen von der herrlichen Welt des Humors.

Es bleibt mir zu hoffen, dass Ihnen die Lektüre dieses Buches viel Alltagsfreude bereitet. Lachen Sie sich krank, dann bleiben Sie gesund.

René Hildbrand

ARBEIT

Es ist keine Kameradschaft,
wenn nur der Kamerad schafft.

Arbeit macht Spass,
Spass beiseite.

Der Mensch, der die Arbeit erfunden hat, muss nichts zu tun gehabt haben.

Arbeit macht das Leben süss, und die Gewerkschaft sorgt dafür, dass wir nicht zuckerkrank werden.

Ein Mensch, dem der Arzt viel Ruhe und Schlaf verordnet hat, sollte diesen Rat befolgen – und wieder ins Büro gehen.

Die sechs Phasen der Planung:

1. Begeisterung

2. Verwirrung

3. Ernüchterung

4. Suche des Schuldigen

5. Bestrafung des Unschuldigen

6. Auszeichnung des Nichtbeteiligten

Wer nicht mit der Zeit geht, geht mit der Zeit.

Chef: »Sie sind mein bestes Pferd im Stall. Sie machen den meisten Mist!«

Wenn wir hier mit den Zähnen klappern, ist es nicht die Kälte, sondern das Betriebsklima.

Bitte nicht wecken, ich mache Überzeit.

Wer morgens zerknittert zur Arbeit geht, hat den ganzen Tag hindurch viele Entfaltungsmöglichkeiten.

Unser Chef ist ein ausgesprochener Tierfreund: Jeden Tag macht er einen zur Sau.

Bei uns läuft alles wie geschmiert. Man braucht uns nur richtig zu schmieren.

Lieber eine Stunde Büroarbeit als gar keinen Schlaf.

Wer sich zum Esel macht, dem will jeder seine Säcke aufladen.

Gut, ist dieser Mann Vorgesetzter:
Als Untergebenen könnte man ihn überhaupt nicht brauchen.

Mach's nicht wie die Sonnenuhr,
krampf bei schlechtem Wetter nur.

Vorsicht ist besser als Nachtschicht.

Wer andern eine Grube gräbt,
wird selber Chef.

Ach, hätt der Schweizer das Bestreben,
nicht nur zu schaffen, sondern auch zu leben.

Nicht gackern, Eier legen!

Viele Chefs glänzen, obschon sie keinen
Schimmer haben.

Von der Wiege bis zur Bahre
Formulare, Formulare.

Alle Mitarbeiter sind hier gleich. Nur die Gehälter
sind verschieden.

**Theorie ist, wenn man alles weiss und nichts
funktioniert. Praxis ist, wenn alles funktioniert
und keiner weiss, warum.**

*Die Stimmung steigt – laut hörbar meist,
sobald der Chef recht weit verreist.*

*Jedem das seine,
mir das meiste.*

Alle Menschen haben Fehler. Ich wünschte, ich hätte
auch welche.

Das neueste Spiel
der Beamten:
Mikado.
Wer sich zuerst
bewegt,
hat verloren.

Alle Chirurgen sind Aufschneider.

Es gibt viel zu tun. Lassen wir's bleiben.

Arbeit komme, ich gehe.

Man kann uns nicht entlassen. Sklaven müssen verkauft werden.

Ich habe keine Arbeit gesucht, sondern eine Stelle.

Morgenstund ist aller Laster Anfang.

17

Arbeit macht Spass, doch wer kann schon den ganzen Tag Spass ertragen?

Auf den wärmsten Plätzen sitzen oft die Unverfrorensten.

In diesem Büro arbeiten die Träger der Firma. Einer ist träger als der andere.

Was ich für meine Firma tu,
das mut' ich keinem andern zu.

In dieser Firma beleidigt Sie der Chef noch persönlich.

Wie richtet man
eine Firma finanziell
zugrunde?

Durch Frauen,
das ist am schönsten.

Durch Spielen,
das geht am schnellsten.

Durch IT,
das ist am sichersten.

Wenn zwei einander verstehen, haben sie das ganze Jahr Arbeit.

Es gibt Chefs, die muss man einfach gernhaben – sonst fliegt man raus …

Überzeit wird früher oder später vom Leben abgezogen.

Die Basis jeder gesunden Ordnung ist der Papierkorb.

Wer Geld haben will wie Heu, muss arbeiten wie ein Pferd.

Man muss zwar nicht ausgesprochen blöd sein, um hier zu arbeiten, aber es erleichtert die Sache ungemein.

Ein Krankheitsfall rechtfertigt keine Unterbrechung der Arbeit. Ausgenommen sind nur Vollnarkosen.

Ohne ihn war nichts zu machen,
Keine Stunde nahm er frei.
Gestern, als wir ihn begruben,
war er richtig auch dabei.

Wer überall seinen Senf dazugibt, kommt in den Verdacht, ein Würstchen zu sein.

In unserer Firma ist alles elektrisch. Sogar das Gehalt versetzt einem einen Schlag.

Der Abwesende hinterlässt eine Lücke, die ihn voll ersetzt.

Beim Eiffelturm sind die grossen Nieten unten. In unserer Firma sind sie oben.

Angeber sind wie Zwiebeln: Man entfernt Schale um Schale, und was übrig bleibt, ist zum Weinen.

Wer täglich Überstunden macht, dem ist auch sonst nicht über den Weg zu trauen.

Selig sind die beklopften, denn sie brauchen keinen Hammer.

Immer am 25. ist in unserer Firma Preisverteilung: Bitte nicht drängen. Es sind genug Trostpreise da.

Zum Erfolg gibt es keinen Lift. Man muss die Treppe benützen.

Oft sind zehn Arbeiter zu wenig, aber ein Chef zu viel.

Schone dein Herz und nicht den Meister.

Die Beamten sind die besten Ehepartner. Sie kommen ausgeschlafen nach Hause und die Zeitung haben sie auch schon gelesen.

Das ist kein Generalstreik, sondern unsere ordentliche Kaffeepause.

Ich liebe meinen Job. Es ist nur die Arbeit, die ich hasse.

Bei uns tut jeder, was er kann. Aber nicht jeder kann, was er tut.

Wenn Sie nichts zu tun haben, dann tun Sie es bitte nicht hier!

Ich liebe Menschen, die frei aussprechen, was sie denken. Vorausgesetzt, sie denken das Gleiche wie ich.

25

> Gott schuf die Zeit. Von Eile hat er nichts gesagt.

Arbeite und erwirb,
Zahle Steuern und stirb.

Lächeln!
Dann denken alle Leute, Sie hätten hier einen guten Job.

> **Was wir hier verdienen, ist nicht viel. Aber die Bezahlung ist gut.**

Jede Firma verträgt mindestens einen Faulenzer.

Hoch die Arbeit. So hoch, dass keiner rankommt.

Wissen ist Macht.
Nichts wissen macht nichts.

Allen ist denken erlaubt.
Vielen bleibt es erspart.

Wer arbeitet, hat keine
Zeit zum Geldverdienen.

Unser Chef ist wie ein Blinddarm:
Ständig gereizt und im Grunde genommen
überflüssig.

Bei uns sind alle gleich.
Nur einige wenige sind gleicher.

Mitbestimmung macht Spass. Aber welcher Unternehmer hat schon Sinn für Humor?

Arbeit adelt – ich bleibe bürgerlich.

Bist du wütend, zähl bis vier.
Hilft das nichts, dann explodier.

Jeder macht, was er will, keiner, was er soll, aber alle machen mit.

Spare in der Zeit, so hast du in der Not.
Spare in der Not, dann hast du Zeit dazu.

Wer nicht arbeitet,
soll wenigstens
gut essen.

Ein Brett vor dem Kopf schützt das Gehirn.

Viele Chefs sind meistens nachträglich vorausschauend.

Lob ist billiger als Lohnerhöhung.

Wer nichts weiss, muss alles glauben.

Keiner ist unnütz. Er kann immer noch als schlechtes Beispiel dienen.

Verschiebe nie etwas auf morgen, was man auf übermorgen verschieben kann.

Gelesen im Chefbüro: »Bei uns kann jeder machen, was ich will!«

Wer immer gereizt ist wie ein Blinddarm, kommt in Gefahr, entfernt zu werden.

Sei nett zu deinen Mitmenschen bei deinem Aufstieg. Es könnte sein, dass du ihnen bei deinem Abstieg wieder begegnest.

Unpünktlichkeit ist Diebstahl an der Zeit anderer.

Es gibt drei Arten von
Menschen:
Solche, die etwas tun.
Solche, die nichts tun.
Und solche, die tun,
als ob sie etwas tun.

Lieber morgens nichts tun, als nachmittags arbeiten.

Ein gutes Arbeitsklima braucht seine Pausen, in denen es gedeihen kann.

Geld macht nicht glücklich. Aber für drei Millionen könnte man ja etwas Unglück in Kauf nehmen.

Lieber Gott, lass es Abend werden. Morgen wird's von selbst.

Anpassungsfähige Akademiker sind oftmals »Jenachdemiker«.

Folge der Arbeit, aber lass dich nicht von ihr verfolgen.

Spare Energie. Aber bitte nicht deine!

Wo ein Kopf ist, ist meistens auch ein Brett.

In diesem Büro ist der Ventilator der Einzige, der arbeitet.

Lieber in der dunkelsten Kneipe als am hellsten Arbeitsplatz.

Wo jeder die erste Geige spielen will, gibt es kein Orchester.

Bitte helfen Sie mir nicht. Es ist allein schon schwer genug.

Chef zum Arbeiter: »Trag du die Zementsäcke. Ich trage die Verantwortung.«

Bitte reden Sie nicht so viel von sich selbst. Das machen wir schon, nachdem sie wieder draussen sind.

Beamte werden nicht versetzt. Sie werden umgebettet.

Gott erhalte mir die Gesundheit und die Arbeitskraft meiner Frau.

Chef: »Selbstverständlich sind Sie kein vollkommener Trottel. Niemand ist vollkommen!«

Alles klar – keiner weiss Bescheid.

Ich weiss nicht, ob Genie vererblich ist. Ich habe keine Kinder …

An alle: Wir müssen uns massiv einschränken. Koste es, was es wolle.

Kopf ist nicht alles.
Der Kohl hat
auch einen.

Irren ist männlich.

Es gibt viel zu tun.
Fangt schon mal an.

Manche arbeiten derart eifrig für ihren Lebensabend, dass sie ihn gar nicht erleben.

Unser Chef ist wie eine Berghütte: Hoch gelegen, aber relativ primitiv eingerichtet.

Ein fleissiger Dummer bringt es weiter als ein fauler Intelligenter.

Ich wurde befördert – an die frische Luft.

Wenn Sie schon rumstehen,
dann lebhaft!

**Wir müssen schwach
anfangen, aber dann stark
nachlassen.**

Wo Sand ist, steckt meistens auch ein Kopf.

Der Mensch steht immer
im Mittelpunkt und somit
allen im Wege.

Die, die nichts wissen
und wissen,
dass sie nichts wissen,
sind mir lieber als die,
die nicht wissen,
dass sie nichts wissen.

Volle Deckung erwarten wir vor allem von Ihrem Scheck.

Was lange gärt,
wird endlich Wut.

Ich arbeite für zwei.
Für meine Frau und mich.

Ein Bestattungsunternehmen wirbt mit dem Slogan:
»Sie sterben – alles andere besorgen wir!«

Es ist nicht alles netto,
was glänzt.

Wenn dir alle entgegenkommen,
bist du auf der falschen Spur.

Lieber total fertig als
unvollendet.

Es ist nicht leicht für einen Nachtmenschen,
tagsüber zu arbeiten.

Auf die Pauke hauen will
jeder. Aber tragen will sie
keiner.

Ich bin nicht eingebildet. Nur perfekt.

*Nimm das Leben
nicht so schwer.
Du kommst ja doch
nicht lebend da raus.*

Gut behauptet ist halb bewiesen.

Ich habe die ganze Nacht kein Auge aufgetan.

Was ist ein Berater?
Ein Mann, der 49 Liebesstellungen kennt, aber keine Frau.

Wer säht, der mäht.

Wer an dem Ast sägt, auf dem er sitzt, der schneidet meist schlecht ab.

Kreuzworträtsel. Seltene Flüssigkeit
mit 15 Buchstaben.
Antwort: Beamtenschweiss.

Und dann war da noch …
… die Assistentin, die ihr »Chefchen« ins
Trockene brachte.

Es gibt Fach- und Mehrfachidioten.

Lieber mit dem Velo ins Freudenhaus
als mit dem Mercedes zur Arbeit.

**Es genügt nicht, keine Idee zu haben.
Man muss auch unfähig sein, sie
auszudrücken.**

Stell dir vor,
es ist Feierabend und
keiner will heim.

Guten Morgähn.

Das Einzige, was reiche Leute nicht haben, ist kein Geld.

Ein Verwaltungsakt hat nichts mit Liebe im Büro zu tun.

Lieber ein dicker Chef als ein magerer Lohn.

> **In unserer Firma ist es wie im Paradies – jeden Tag kann man hinausgeworfen werden.**

Man muss zuerst auf den Hund kommen, um zu merken, dass alles für die Katz war.

Taktlosen muss man den Marsch blasen.

Wenn schon Vorschuss, dann bitte keine Lorbeeren.

Wer lehrt mich das Handwerk, es anderen zu legen?

Pferde, die arbeiten, nennt man Esel.

Auch Kopfarbeit sollte Hand und Fuss haben.

»Wenn ich Ihre Meinung hören will«,
pfiff der Chef seinen Mitarbeiter zurück,
»werde ich sie Ihnen sagen!«

Ohne Fleiss kein Verschleiss.

Man muss die Tatsachen kennen, bevor man sie verdrehen kann.

Warum denn immer sachlich werden, wenn es auch persönlich geht.

Auch ein sehr lieber Chef ist nicht immer zu Spesen aufgelegt.

Man muss nicht alles auf den Kopf stellen, um etwas auf die Beine zu stellen.

Manche Probleme sind wie Tapeten: Sie lösen sich mit der Zeit von selbst.

Wer immer auf der Höhe ist, kommt leichter über den Berg.

Kopf hoch – besonders, wenn dir das Wasser bis zum Hals steht!

Faulenzen ist ein Tätigkeitswort.

Wer nichts tut, macht nichts falsch.

Lacoste es, was es wolle, es spielt keine Rolex.

> *Verstand ist nicht alles. Bei manchen Menschen ist er überhaupt nichts.*

Wenn du in einem Sarg liegst, haben sie dich zum letzten Mal reingelegt.

Teamwork ist, wenn alle das Gleiche wollen wie ich.

Meine Ausbildung war kostenlos, deine umsonst.

Wer die Übersicht verliert, sollte wenigstens den Mut zur Unentschlossenheit haben.

Bei uns geht alles langsam. Dafür werden wir schnell müde.

Den Weg nach oben fängt man am besten unten an.

Manche Chefs sind wie Mineralwasser: aufbrausend und geschmacklos.

Annonce: Biete Arbeitsplatz für Blick aufs Meer.

Mein Chef versteht mich nicht,
ich verstehe ihn nicht. Sonst
haben wir nichts gemeinsam.

**Wer hinter meinem
Rücken redet, spricht
mit meinem A...**

*Auch eine Geschäftsleitung kann
unterbrochen werden.*

Marx ist Theorie.
Murx ist Praxis.

ALLTAG

Versüsse dir das Leben selbst.
Sauer machen es die anderen.

Was Hänschen nicht lernt,
wird ihm Gretchen schon
beibringen.

**Wo eine Villa ist, ist meistens auch
ein Weg.**

»Das ist mein voller Ernst«, sagte die Ehefrau,
als es im Treppenhaus polterte.

*Es ist viel leichter, Bücher zu
behalten, als das, was drinsteht.*

Bauernregel:
Schreit die Magd schrill aus dem Stalle, ging sie dem Bauern in die Falle.

Solange es Verkalkung gibt, kann die Welt nicht aus den Fugen geraten.

Investieren Sie Ihre Ersparnisse in Steuern. Die steigen bestimmt.

Gib mir deinen Pass, und ich sage dir, wer du bist.

Tipp
Trinken Sie nur klare Schnäpse – damit es die Leber nicht sieht.

> **Versprechen und nicht halten,
> das taten schon die Alten.**

Schlagersänger kommen in den besten Familien vor.

Wenn einer eine Reise tut, dann kann er was bezahlen.

Lach dich krank, dann bleibst du gesund!

Legen Sie Ihr Geld in einer Bar an. Dort bekommen Sie mindestens 40 Prozent!

Sagen Sie niemals ohne zu denken, was Sie wirklich denken.

Warum läuft die Zeit so schnell?
???
Vielleicht hat sie Angst, dass man
sie totschlägt.

*Komisch: Je mehr man ein Konto belastet,
umso leichter wird es.*

Alles geht vorüber. Nur die Vergangenheit
nicht.

Wer einmal lügt,
dem glaubt man nicht,
auch wenn er nicht
im Wahlkampf spricht.

Und dann war da noch ...
... der Zirkuslöwe, der an dem Clown den
Narren gefressen hatte.

Lassen Sie sich von Ihrem
Psychiater nicht wegen jeder
Neurose verrückt machen.

Tauchen sollte man nicht von
Grund auf lernen.

Es wird immer komplizierter, einfach zu leben.

Manches ist zu wahr,
um schön zu sein.

Die meisten Menschen sind absolut villenlos.

Am Abgrund ist vorbeugen
schlechter als heilen.

Und dann war da noch…
… der Vampir, der sich im Radio-Wunschkonzert
»Wiener Blut« wünschte.

Übrigens: Molotow ist nicht der Erfinder des Cocktails.

**Chinesisch ist übrigens gar nicht so schwer.
Würden es sonst weit über eine Milliarde
Menschen sprechen?**

Komisch: Auf den ältesten Fotos
sieht man immer am jüngsten aus.

> *Man kann auch im Dunkeln seine helle Freude haben.*

Wer keinen Schimmer hat, kann auch nicht glänzen.

Knoblauchzehen sind gesünder als Wurstfinger.

Lieber Hydrokultur als gar keine Bildung.

Nimm's leicht, sonst nimmt's ein anderer.

Steter Tropfen höhlt den Stein, doch kann es auch die Leber sein.

Das Schönste am Montagmorgen ist der Freitagnachmittag.

Wem nicht zu helfen ist, dem ist vielleicht zu schaden...

Man gewöhnt sich an allem, selbst am Dativ.

Alle warten bloss immer wieder darauf, dass man etwas fahltsch macht.

Auch Sommersprossen sind Gesichtspunkte.

Gradheit wird häufig krummgenommen.

Lieber von Picasso gemalt,
als vom Schicksal gezeichnet.

Wer sündigt, schläft nicht.

Auch Glatzköpfe können eine Glückssträhne haben.

Wer im Glashaus sitzt, sollte sich im Dunkeln ausziehen.

Ich kann allem widerstehen –
nur nicht der Versuchung.

Kleine Geschenke erhalten die Erbschaft.

Alle denken nur an sich.
Nur wir denken an uns.

Wer zuletzt lacht,
hat falsche Zähne.

Jedem das Seine – mir das
meiste.

*Wenn jeder
an sich denkt,
ist an alle
gedacht.*

Kleine Bosheiten erhalten die Feindschaft.

Lieber Schweissperlen als gar keinen Schmuck.

Trockener Humor ist nie überflüssig.

Wer nachtragend ist, hat viel zu schleppen.

Wirbeln Sie nicht mehr Staub auf, als Sie bereit sind zu schlucken.

> *Wenn ich dich wäre, wäre ich lieber ich.*

Und dann war da noch …
… der Koch, der ein rührseliger Typ war.

Stottern gewöhnt man sich leicht durch Barzahlung ab.

Ich weiss nichts. Und selbst das ist nicht sicher.

Was ist ein Kannibale?
???
Einer, der sich im Restaurant einen Kellner bestellt.

»Ich habe das ewige Herumhängen satt«, sagte die Glühbirne und brannte durch.

Tipp
Reisefieber wird man für immer los, wenn man grundsätzlich eine Woche früher losfährt!

Witwen leben in der Regel länger als ihre Männer.

Manche Frauen gehen lieber zum Coiffeur als gar nicht unter die Haube.

Ein absoluter Herrscher ist ein König, der nicht verheiratet ist.

Sicherungen brennen nicht mehr durch, wenn man sie nett behandelt und ihnen ein schönes Zuhause bietet.

> Ein Briefträger ist nicht für kalte Umschläge zuständig.

Er war Geograf und sie kannte keine Grenzen.

Wie wird man laufende Kosten los?
???
Stehen bleiben und die Kosten einfach weiterlaufen lassen.

Dem Wolf ist es egal, ob du ein schwarzes Schaf bist.

Der Spott ist die Mehrwertsteuer der Schadenfreude.

Niemand ist gern alt – aber jeder will alt werden.

Wohlstand ist, wenn die Menschen mehr Uhren haben als Zeit.

Korpulenz fällt vor allem bei Dicken ins Gewicht.

Die meisten Männer haben Frauenleiden: Sie mögen Frauen gut leiden.

Machen Sie es das ganze Jahr wie die Glühbirne: Tragen Sie es mit Fassung!

»Zeit ist Geld«,
dachte sich der
Kellner und
addierte das Datum
zur Rechnung.

Nur wer viel lernt, kann viel vergessen.

Schrifttafel in einem Berghotel: »Wenn Sie bei uns nicht schlafen können, ist es Ihr Gewissen!«

Das Einzige, das billig geblieben ist: die Ausreden.

Der Klügere gibt NACHhilfestunden.

Wer zu viel fernsieht, verliert den Weitblick.

Geld allein macht nicht glücklich. Es muss einem auch gehören ...

Wer heute den Kopf in den Sand steckt,
knirrscht morgen mit den Zähnen.

Von Dingen, die einem fehlen, hat man nie genug.

Bequemlichkeit muss man sich täglich neu erarbeiten.

Es ist uns nicht zu wenig Zeit gegeben, wir verschwenden nur zu viel davon.

Wer gegen den Strom schwimmt, muss einiges schlucken können.

»Geniessen Sie das Leben in vollen Zügen. Ihre SBB.«

Sie legten ihm viele Steine in den Weg. Der letzte war sogar beschriftet.

Bauernregel

*Kein Muhen mehr,
die Kuh ist froh:
Im Stall gibt's endlich
VIEHdeo.*

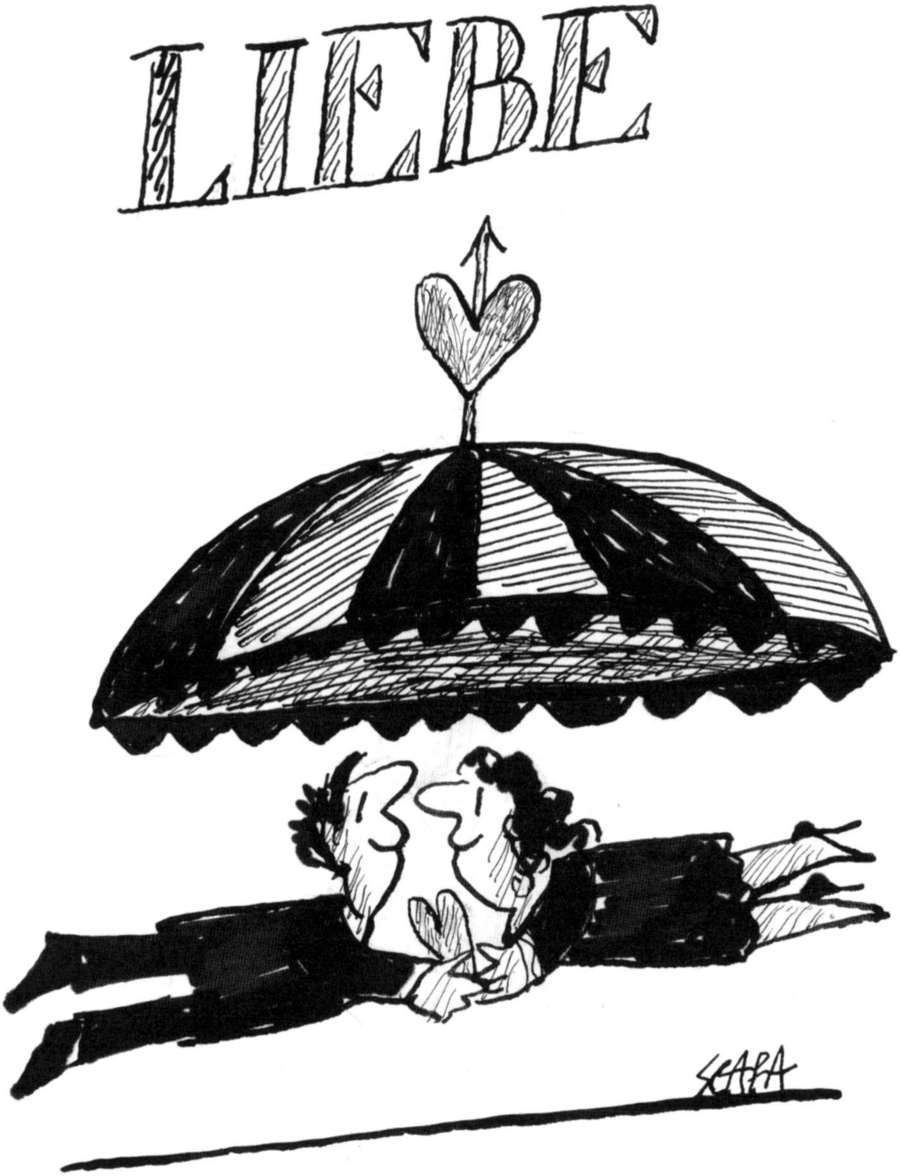
LIEBE

Junge Menschen trauen sich schon, bevor sie sich trauen lassen.

Ein Mann seufzt: »Meine Frau versteht mich nicht. Ich bin Atomphysiker …«

Ehebruch ist unlauterer Bettbewerb.

Wie Mann sich bettet, so liegt die Frau.

Ein Mensch mit starker Liebeskraft benimmt sich selten engelhaft.

Ein Scheich ruft seine Frauen zusammen und seufzt: »Ich muss euch ein Geständnis machen. Ich liebe einen anderen Harem.«

*Aus einem losen Falter
wird oft ein guter Alter.*

Hinter jedem starken Mann liegt eine erschöpfte Frau.

Lieber zwei Ringe unter den Augen als einen an der Hand.

Trauri(n)g, aber wahr.

Der Löwe hat nur vor einem Tier Angst. Vor der Löwin.

Der eine hat ein trautes
Heim,
der andre traut sich fast nicht
heim.

Lieber Glück in der
Liebe
als Pech in der Ehe.

Die schönsten
Wassersportarten:
In Geld schwimmen.
Im Glück baden.
In der Liebe tauchen.

In manchen Schlafzimmern ist Smog-Alarm:
Dicke Luft und kein Verkehr.

Er war Boxer und sie passte zu ihm wie die Faust aufs Auge.

> Mehrzahl von
> Lebensgefahr:
> Lebensgefährtinnen.

Aller Mannfang ist schwer.

Der Diwan ist kurz,
die Reue lang.

*Das häusliche Gewitter: Sie wirft ihm das Trinken
vor – und er ihr das Essen nach.*

Viele Köche
verderben
die Köchin.

Meint eine Frau: »Warum soll ich auf den Richtigen warten? Ich hatte bisher viel Spass mit den Falschen…«

Nicht jede alte Liebe wird eine liebe Alte.

Viele Frauen sind wie Zucker: süss und raffiniert.

Wie wird Bigamie bestraft? Mit zwei Schwiegermüttern.

Folgt der Mann stets seiner Frau, ist der Ehehimmel blau.

*Vater werden ist
nicht schwer,
ausser Mutter
will nicht mehr.*

Frauen und Suppen sollte man nicht warten lassen. Sie werden sonst kalt.

Viele Männer sind wie Vulkane: Sie brechen immer wieder aus.

Kleider machen Leute, keine Kleider Bräute.

Anzeige: »Kaufe zweite Geige, da meine Frau die erste spielen will.«

Lieber ledig als erledigt.

Heiraten ist der häufigste Scheidungsgrund.

> *Aus Spass wurde Ernst.*
> *Ernst ist heute zwei Jahre*
> *alt.*

Der schönste Fall ist der Beifall. Der schönste
Schlaf ist tief und fest.

Je fester der Griff,
desto loser die Absicht.

**»Einmal ist keinmal«, sagte die Jungfrau
und kam so zum Kind.**

Männer: »Wer A sagt,
muss auch -limente sagen.«

Der Krug geht
zum Brunnen,
bis Frau Krug
Verdacht schöpft.

Bei einer seriösen Party werden nur die Tische ausgezogen.

In einer guten Ehe hat niemand die Hosen an …

Unverstandene Frauen sind schneller einverstanden.

Frauen sind manchmal wie ein Magnet: Sie wissen nicht, was sie anziehen sollen.

Die junge Frau verlobte sich mit einem Betreibungsbeamten. Sie war das Einzige, das in ihrer Familie noch zu holen war.

Wer alleinstehend ist, muss nicht alleinliegend sein.

Männer möchten, dass die Frauen bei der Heirat sind wie Starkstromleitungen: unberührt.

HEIRATSANZEIGEN

Gesucht
Frau mit Bauernhof
Bitte senden Sie Bild – von Bauernhof!

Jüngerer Mann, der sich zu verheiraten wünscht, sucht älteren Herrn, der ihm das wieder ausredet.

> **Junger Mann sucht ältere heiratswillige Multimillionärin mit Herzfehler für längere Wandertour aufs Matterhorn.**

*Manche Frauen sind bei der Auswahl ihrer
Partner äusserst (ju)wählerisch.*

**Frauen müssen nicht alt sein, um eine
klassische Figur zu haben.**

Die Hochzeit heisst Hochzeit, weil es manchmal höchste Zeit ist.

**Viele verheiratete Frauen sind überglücklich.
Nur mit ihren Männern haben sie dauernd
Ärger.**

*Eine Braut: »Wir haben eine kleine
Meinungsverschiedenheit. Ich möchte kirchlich
getraut werden, und er möchte die Verlobung
auflösen.*

Klagt ein Mann:
»Jedes Mal, wenn
ich die Frau meines
Lebens kennenlerne,
ist entweder sie
verheiratet, oder
ich bin es.«

Ein Kunstfreund:
»Lieben Sie Beuys?«
»Nein, Girls.«

Eine junge Ehefrau: »Mein Mann behandelt mich wie einen Hund. Er verlangt, dass ich ihm treu bin.«

Man sollte nie überstürzt heiraten. Vor allem nicht, wenn man es schon ist.

Einsamkeit geniesst man am besten zu zweit.

Zu einer Heirat gehören zwei.
Für die Scheidung genügt einer.

Miedersehen macht Freude.

**Nicht jeder, der sich eine Flotte leistet,
ist ein Reeder.**

Bauernregel
Macht eine Frau acht Bauern
schwach,
ist es ganz eindeutig Schach.

*Die beste Amme ersetzt
keinen Mutterkomplex.*

*Manche Männer sind wie Zahnärzte:
Sie reissen immer wieder aus.*

Dann war da noch...
... das Ehepaar, das
wegen völlig gleichen
Interessen geschieden
wurde. Sie interessierte
sich für andere Männer.
Er auch.

> *Neue Besen kehren gut,*
> *aber alte kennen die Ecken besser.*

Ehemann: »Ich mache nicht alles, was meine Frau sagt. Beim Abwaschen binde ich mir zum Beispiel nie eine Schürze um.«

Frauen sollten den Bräutigam nicht vor dem Morgen loben.

Seufzt eine Ehefrau: »Ich beneide meinen Mann. Er ist so glücklich verheiratet.«

Gewisse Männer sind wie alte Autoreifen: aufgeblasen und ohne Profil.

Sie weint: »Mein Freund hat mich sitzen lassen – mit zwei Kindern und meinem Mann ...«

Erfahrene Frau: »In einer guten Schale steckt oft ein mieser Kerl.«

Besser über seine Verhältnisse leben, als von seinen Verhältnissen überlebt werden.

Junge Frau: »Was Männer an mir finden, weiss ich erst, seit ich suchen lasse.«
Und: »Ich schlucke die Pille, dass mein Freund keine Kopfschmerzen kriegt.«

Tipp für Frauen
Halten Sie Ihre Männer vom Nägelkauen ab.
Verstecken Sie ihre Zahnprothesen!

Frauen sind fabelhaft
im Haushalten:
Wenn sie ihren Mann
verlassen, behalten sie
das Haus.

Nicht jeder Busen findet seinen Freund.

Ehefrau: »Mein Geliebter ist ein Grüner. Zuerst fragt er immer, ob die Luft rein ist...«

Nicht nur eine lange Dürre kann einen Bauern ruinieren, sondern auch eine kleine Dicke.

Das Fleisch war willig, aber das Gras war nass.

Wer Glück im Spiel hat, hat auch Geld für die Liebe.

> Lieber eine heisse Single als eine kalte Platte.

Freunde hat nur der Mann.
Die Frau hat Komplizinnen.

An Mitgift ist noch niemand gestorben.

Eine Frau enttäuscht: »Letzte Woche war ich mit meinem Mann im Ausverkauf. Aber ich bin ihn nicht losgeworden.«

Tröstend meint die junge Frau zu ihrem soeben verurteilten Freund: »Nun sitze erst einmal in aller Ruhe dein Lebenslänglich ab, dann sehen wir weiter ...«

*In Netzstrümpfen
hat sich schon
mancher tolle Hecht
verfangen.*

Nächtliche Unternehmungen nennen Männer Tagungen.

Viele Ehen sind wie ein Bad: Je länger man darin sitzt, desto kälter wird es.

Kavalier ist, wer seiner Frau die Türe aufhält, während sie die Ferienkoffer hineinschleppt.

Junge Frau: »Meine Scheidung ging sehr schnell. Ich musste deswegen sogar die Hochzeitsreise abbrechen.«

Wenn es eine Frau in sich hat, sind die Männer ausser sich.

Wer einsam ist, sollte es mal mit Kontaktlinsen versuchen.

Sie zu ihm: »Du siehst heute so schwermütig aus. Wo drücken die Pantoffeln?«

Er war Mathematiker und sie war unberechenbar.

In der Liebe ist man gemeinsam einsam.

Alles redet vom öffentlichen Verkehr, aber niemand traut sich.

Neue Flammen machen einem meist das Leben heiss.

Es ist nicht immer der Wind, wenn der Strandkorb wackelt.

Nicht jeder, der eine neue Stellung sucht, ist ein Arbeitsloser.

Wer einmal liebt, dem glaubt man nicht …

Jede Bindung kann mit einer Entbindung enden.

Auch wenn es kalt ist, kann man sich die Finger verbrennen.

Scheich und Scheich gesellt sich gern.

Er war Chemiker und
sie suchte immer neue
Verbindungen.

Liebe ist nur ein Trick,
um die Art zu erhalten.

Bauernregel
Sind an der Magd die Formen richtig,
ist ihre Arbeit nur halb so wichtig.

In einer glücklichen Ehe kann
jeder machen, was sie will.

Für die Welt bist du irgendjemand,
für irgendjemand bist du die Welt.

Führungsnachwuchs bekommt man nicht in neun Monaten.

Wer in einer lauen Sommernacht glaubt, die Grillen zirpen zu hören, kann sich täuschen: Vielleicht sind es Reissverschlüsse.

POLITIK

Ohne Politik geht nichts. Und mit Politik geht fast alles schief.

Manche Mitglieder der Schweizerischen Volkspartei (SVP) haben Probleme mit der Blase. Sie möchten austreten, können aber nicht…

Über den Kleiderhaken im Vorraum des Stadtrates steht: »Nur für die Mitglieder des Stadtrates bestimmt!« Eines Tages steht darunter: »Man kann aber auch Mäntel an diesen Haken aufhängen!«

In Bälde wird der Papst beim Parlament im Bundeshaus einen Besuch abstatten. Der Papst ist immer dort, wo das Elend am grössten ist.

Wussten Sie schon, …
… dass der Rechtsverkehr keine Erfindung der SVP ist?

Im Tessin sind die Schweizer Soldaten nicht besonders beliebt. Die Deutschen haben nicht gerne eine fremde Armee in ihrem Land …

Der Staat geht niemals auf den Bettel, er schickt einfach Steuerzettel.

Anrede in einem Brief an das Parlament: »Liebe Kontoüberzieher«.

Die CVP wird auch als »Rauchwürstli-Partei« bezeichnet. Aussen schwarz und innen rot.

Schauspieler verdienen mehr als Politiker. Logisch: Letztere spielen ja auch keine Rolle.

Ein Politiker: »Ich weiss genau, wo den einfachen Menschen der Schuh drückt. Ich komme nämlich aus einer ganz armen Familie. Meine Eltern waren arm, unser Privatchauffeur war arm, unser Koch war arm, unser Gärtner war arm ...«

Lieber Narrenweisheit als intellektuelle Dummheit.

Wegbegleiter der Sozialdemokraten:
Tritt dir einer auf die Flosse,
ist es sicher ein Genosse!

Lieber FKK als FDP.

*Bundesrat zu einem Chefbeamten:
»Sie sehen in letzter Zeit so über-
arbeitet aus. Machen Sie weiter so!«*

Politiker vorwurfsvoll zu einem
Journalisten: »Als ich Ihnen das letzte Mal
etwas streng vertraulich erzählt habe, war in
Ihrer Zeitung kein Wort davon zu lesen!«

Viele Politiker sind unsterblich. Sie haben keinen Geist aufzugeben.

> **Tun Sie etwas für die Umwelt: Werfen Sie gebrauchte SBB-Fahrkarten nicht einfach weg – benützen Sie sie mehrmals!**

Ein Nationalrat träumte, er sei gerade dabei, eine Rede zu halten. Als er erwacht, ist er gerade dabei, eine Rede zu halten.

Manche Politiker sind Wunderkinder. Sie konnten schon mit zehn Jahren so gut sprechen wie heute.

Bald schlagen die Schweizer Posttaxen auf. Decken Sie sich also rasch zünftig mit Briefmarken ein!

Je mehr sich ein Staat
in den roten Zahlen
befindet, desto weniger
kommt er auf einen
grünen Zweig.

Was gibt uns der Staat?
Der Staat gibt uns zu denken.

Am liebsten würde der Bundesrat dem Volk
die Schuhabsätze von hinten nach vorn
verlegen. Damit die Menschen merken:
Es geht aufwärts.

Bundesrat Alain Berset joggt viel.
Damit er in Bern eine gute Figur
macht.

**Politikerkrankheit: Versprechen und nicht halten,
das taten schon die Alten.**

Ein Nationalrat begann: »Bevor ich zu Ihnen
spreche, möchte ich Ihnen etwas sagen.«

Viele Schweizer Politiker lernen Griechisch,
weil sie mit ihrem Latein am Ende sind.

*Kennen Sie den Unterschied
zwischen Wahlkampfreden
und Horoskopen?
Bei den Horoskopen trifft
wenigstens ein Teil des
Vorausgesagten ein!*

**Ab sofort bekommen die Bundesbeamten
jeden Morgen ein Sandwich: Damit
wenigstens der Magen etwas zu tun hat.**

*Kennen Sie den Unterschied zwischen Christoph
Blocher (auch »Heiland von Herrliberg« genannt)
und dem lieben Gott?
Der liebe Gott weiss alles, Blocher weiss alles besser.*

Der Psychiater zu einem Nationalrat auf der Couch: »Unsinn! Die ganze Welt ist nicht gegen Sie. Die Menschen in der Schweiz vielleicht, aber doch nicht die ganze Welt…«

Es gibt Politiker, die treten nie im Fernsehen auf. Aus Gesundheitsgründen. Den Zuschauern würde schlecht.

Der Unterschied zwischen dem Nationalrat und dem Nationalpark: Im Nationalpark hat es mehr Hirsche!

Wirtschaftlicher Idealzustand: Wenn die Inflationsrate nicht höher ist als der Intelligenzquotient gewisser Politiker.

Aus dem Ständerat: »Diese letzten Sätze, meine Damen und Herren, stammen nicht von mir, sondern sind das Zitat eines Mannes, der ganz genau wusste, was er sagte.«

Neue Bezeichnung für das Eidgenössische Finanzdepartement: Zentralmolkerei.

> *Wissen Sie, was ein SVP-Sandwich ist?*
> *Ein Ausländer, der mit zwei Koffern zum*
> *Bahnhof marschiert.*

Was ist relativ?
Sieben Flaschen in einem Weinkeller sind relativ
wenig. Sieben Flaschen im Bundesrat sind relativ viel.

Was ist paradox?
Wenn einem kaltgestellten Politiker der Boden
unter den Füssen zu heiss wird.

Psychiater nach der Untersuchung zu einem
Rechtsextremisten, der angeblich unter
Minderwertigkeitskomplexen leidet: »Sie haben keine
Minderwertigkeitskomplexe. Sie sind minderwertig!«

Und dann war da noch …
… der Politiker, der sich ein Bein gebrochen hat.
Er ist in eine Bildungslücke getreten.

Mit dem Wind, den einige Politiker machen, könnte man ein ganzes Kraftwerk betreiben.

Eine junge Nationalrätin besuchte eine Vorstellung des Circus Knie. Danach erklärte sie: »Ich wollte nur lernen, wie man mit wilden Tieren umgeht ...«

Es treten mehr Politiker daneben als zurück.

Die Grünen sind für viele ein rotes Tuch.

Wer war der erste Mensch?
Kein Politiker. Das sind die letzten Menschen.

Butterberge sind die Folge von Milchmädchen-rechnungen.

»Sie haben eine hübsche Stimme«, sagte der Politiker zur Wählerin.

Die fähigen Politiker muss man nicht fürchten.
Fürchten muss man die zu allem fähigen.

Lieber fernsehmüde als radioaktiv.

Warum gibt es Politiker, die keinen Wein trinken?
Im Wein liegt die Wahrheit!

Christoph Blocher schläft in einem französischen Bett. Damit er sich auch da noch querlegen kann.

Wo liegt Bern?
Bern lügt an der Aare.

Schlecht lebt sich's am besten in der Schweiz.

Familienplanung kommt in der Schweiz nicht bei allen an. Nicht einmal Bischof Huonder hat Kinder.

> Wenn sich ein Beamter bewegt, handelt er im Affekt.

Ein Ständerat auf die Frage, ob er Pragmatiker sei: »Sowohl als auch ...«

Evelyn Widmer-Schlumpf hört Stimmen. Aber es sind nicht genug ...

> Spende gut – alles gut.

Es sind nicht die Landwirte, die mit Gülle immer wieder Gewässer verschmutzen. Es sind die toten Fische ...

Wie nennt man einen Auszubildenden beim Zoll?
Filzstift.

Ein Blick auf den Globus ist noch keine Weltanschauung.

An EU-Treffen trifft man alles, was Rang und Schulden hat.

Gegen eine Spende bestätigen Politiker gerne, dass sie nicht korrupt sind…

ESSEN & TRINKEN

Lieber zu viel essen als zu wenig essen.

Wenn Ihnen der Arzt ein Rezept aufschreibt, bedeutet das nicht zwingend, dass er Hobby-Koch ist.

Er wollte Vegetarier werden. Jetzt hat er den Salat.

Ein Neureicher: »Das Geld für Kaviar und Champagner hätte ich. Jetzt müsste mir das Zeug nur noch schmecken.«

Warum heisst es »Gulasch orientalisch«?
???
Der verstorbene Hund hiess Sultan.

Party-Tipp
Laden Sie ausschliesslich Gäste ein, die sich nicht mögen. Daran haben die genug zu schlucken.

Wie heisst der Geschäftsleiter von McDonalds in Istanbul? Ismir Übel.

Wenn die Sonne nicht zu den Menschen kommt, dann müssen die Menschen halt in die »Sonne« gehen.

Folgenschwer
Morgens kann ich nicht essen, weil ich dich so liebe.
Mittags kann ich nicht essen, weil ich dich so liebe.
Abends kann ich nicht essen, weil ich dich so liebe.
Nachts kann ich nicht schlafen – weil ich Hunger habe!

> Je grösser das Konfekt, desto grösser die Konfektionsgrösse.

Tipp
Verlorene Eier findet man ganz leicht wieder, wenn man sie mit Leuchtfarbe bemalt hat!

Pudding will Weile haben.

Sagt der Kannibale: »Am besten schmecken mir Politiker. Viel Sitzfleisch und kein Rückgrat!«

Knoblauch = Platzkarte in öffentlichen Verkehrsmitteln.

Kennen Sie den Unterschied zwischen Salzsäure und der Verwandtschaft?

Es gibt keinen. Beide fressen sich überall durch!

Wer seine 60 Jahre auf dem Buckel hat,
hat sie oftmals auch auf dem Bauch.

Trink, aber sauf nicht,
disputier, aber rauf nicht.

Vom Brot allein kann man nicht leben,
es muss auch einmal Kuchen geben.

Rembrandt ist für viele
Menschen alles. Manche
ziehen aber Weinbrand vor.

Die gesündeste Turnübung ist das
rechtzeitige Aufstehen vom Esstisch.

An einer Metzgerei findet sich das Schild:
Esst viel Fleisch. Das ist gut für meine Gesundheit!

Der Vegetarier ruft zu Tisch:
»Auf, auf, beeilt euch! Das Essen
wird welk!«

Die meisten Hühner werden schon
als Eier in die Pfanne gehauen.

Essen Sie gern Wild? Oder lieber ruhig und langsam?

Manche Männer sind wie Vögel: Erst
zwitschern sie einen und dann gehen sie
nicht ins Nest.

Paradox:
Wenn einem
Vegetarier alles
wurst ist.

> # Je später der Abend,
> # desto voller die Gäste.

Man soll die Gäste feuern, wenn sie lallen.

Ein Ehepaar: »Wir trinken nicht, wir essen nicht viel, wir rauchen nicht – und unsere Kinder haben wir adoptiert.«

Zwei Tiere, die sich bekämpfen. Erst der Rollmops. Er bekämpft den Kater.

Tipp
Die Forelle wird schneller blau, wenn man ihr statt Weisswein hochprozentigen Wodka einflösst!

Wenn der Gastwirt zum Gast wird,
wird die Brauerei zum Gläubiger.

Wirtshausschild
Hier kocht der Chef.
Aber kommen Sie trotzdem rein.

Dein grösster Feind ist Alkohol.
Doch in der Bibel steht
geschrieben,
du sollst auch deine Feinde
lieben.

Bäcker-Lied
So ein Teig, so wunderschön wie
heute.

Mit süssem und mit scharfem Würzen,
kann man das Leben auch verkürzen.

Manche Essen sind göttlich. Da weiss wirklich nur der liebe Gott, was drin ist.

Es kommen die Jahre, wo die Jugend verblüht, und sich die Röte der Backen auf die Nase verzieht.

Ein Wirt ist ein Mensch, der die Welt sieht, wie sie isst.

Einst war sie eine schicke Dame,

dann ass sie zu viel dicke Sahne.

Ehret die Frauen, sie backen und trölen himmlische Kuchen für irdische Lölen.

In vielen Restaurants isst man sehr gut. Nur die Preise sind ungeniessbar.

Essen ist eine ungerechte Sache. Jeder Bissen bleibt höchstens eine Minute im Mund, drei Stunden im Magen – aber vier Monate an den Hüften.

Es gibt Leute, die sind so eitel, dass sie nur noch Spiegeleier essen.

Bauernregel
Will der Mensch die Eier eckig,
geht's den Hühnern aber dreckig.

**Wie isst man am besten Spaghetti?
Am besten allein.**

Männer, die viel am Stammtisch sitzen, sind
wie Briefmarken: Wenn sie angefeuchtet sind,
bleiben sie kleben.

In einem schottischen Kochbuch
fängt das Rezept für Omelett so an:
»Man leihe sich zwei Eier ...«

*Wirtshausschild
Unsere verehrten Gäste, welche
Pilzgerichte bestellen, sind gebeten,
vor dem Service zu bezahlen.*

***Was nutzen uns die Wasser, wenn sie nicht
gebrannt sind?***

Es gibt mehr alte Weintrinker als alte Ärzte.

Beim Weisswein denkt man Dummheiten.
Beim Rotwein spricht man Dummheiten.
Beim Champagner macht man Dummheiten.

In einem italienischen Restaurant gefunden: »Wir haben ein Abkommen mit der Bank:
Wir geben keinen Kredit, dafür stellt die Bank keine Pizzas her!«

Lieber Himbeergeist als gar keinen Verstand.

Trink, was klar ist,
Iss, was gar ist,
Rede, was wahr ist,
Liebe, was rar ist.

Eine Frau: »Mein Mann möchte eigentlich das Trinken aufgeben. Aber er schwankt noch.«

Lieber feuchte Füsse als eine trockene Kehle.

Tipp
Eier schreckt man ganz sicher ab mit einer Eieruhr, die man auf 5 vor 12 stellt.

Kinderfrage: »Warum befinden sich die Vitamine immer in Gerichten, die mir nicht schmecken?«

Fliegen …
… ist ein Traum vieler Menschen. Nur in der Suppe will sie keiner haben.

Schild im Restaurant: »Lassen Sie sich nicht scheiden, bloss weil Ihre Frau nicht kochen kann. Essen Sie bei uns – und behalten Sie Ihre Frau als Hobby!«

Beim Wein ist es wie mit der Politik: Man merkt erst hinterher, welche Flaschen man gewählt hat.

Vegetarier essen keine Tiere. Aber sie fressen ihnen das Futter weg.

Tipp
Rhabarber-Konfitüre schmeckt besser, wenn Sie statt Rhabarber Erdbeeren nehmen.

Wasser ist nicht nur zum Trinken da, sonst hätte Gott nicht so viel davon gesalzen.

Die kleinste Beiz ist manchen lieber als der grösste Arbeitsplatz.

Alkohol = Flüssigkeit, die fast alles aufzubewahren imstande ist – ausser Geheimnisse.

Die beste Diät ist nach wie vor die Kiwi-Diät.
Sie dürfen alles essen – nur keine Kiwis …

Noch ein Schlankheits-Tipp:
Essen Sie so viel sie wollen von allem, was Sie nicht mögen!

Manche Menschen trinken, damit sich alles um sie dreht.

Alten Käse kann man leicht wieder auffrischen, indem man hin und wieder darüber spricht.

Wenn vom Mund die Fahnen wehen, heisst es nach dem Taxi sehen.

Blau darf nur der Wagen sein.

Tipp
Wenn Sie Ihren Pilzen die Köpfe waschen, sollten Sie ein pilzfreies Shampoo verwenden. Andernfalls sind sie keinen Pfifferling mehr wert.

Nichts schadet dem Durst mehr als das Trinken.

Schild in einer Kneipe

Macht Euch nicht über unser Bier lustig. Auch Ihr werdet eines Tages fad und schwach.

Knoblauch macht einsam.

Tipp
Brötchen bleiben länger frisch. Kaufen Sie
also keine kurzen.

Bei uns kommt kein Tropfen Wein auf den Tisch. Weil wir ganz vorsichtig einschenken.

Nie ist man nüchterner, als wenn einem reiner Wein eingeschenkt wird.

Katholische Kannibalen essen freitags Fisch.

> *Aufgepasst. Man kann auch eine rote Nase kriegen, wenn man Weisswein trinkt.*

Ist der Trunk im Manne,
ist der Verstand in der Kanne.

Tipp für Männer
Nehmen Sie auf keinen Fall ab. Viele Frauen suchen nämlich einen festen Freund.

Es gibt Menschen, die sich mangels eigenen Gewichts überall beschweren.

Die beste Abmagerungskur für
Männer ist viel junges Gemüse.

**Lieber klein, dick und intelligent als gross,
schlank – und dumm.**

*Die chinesische Diät:
Man isst statt mit zwei
nur mit einem Stäbchen.*

*Abergläubische Kühe sind mager. Sie fressen nur
vierblättrigen Klee.*

**Rezept für eine garantiert erfolgreiche
Abmagerungskur: Lassen Sie vier Wochen lang
die Vorspeise weg und nehmen Sie statt einer
Hauptspeise kein Dessert.**

Kürzlich war ich bei einem amerikanischen Milliardär zum Essen. Er heisst McDonald …

Wenn Ihnen Ihre Wohnung um die Hüfte etwas eng wird, sollten Sie entweder abnehmen oder umziehen.

Heiraten Sie einen Roh-köstler. Dann fällt es Ihnen leichter, in den sauren Apfel zu beissen.

Dreimal schlecht gegessen ist auch gefastet.

Jeder kocht mit Wasser.
Bloss die Zutaten sind
anders.

Korpulenz erzeugt Referenz.

Tipp
Machen Sie Ihre Diät im Winter.
Da sind die Tage kürzer.

Gast zum Barmixer: »Legen Sie
bitte zwei Oliven in den Martini.
Mein Arzt hat mir eine Gemüse-
Diät verordnet.«

Frauen, die Wert darauf legen, von ihrem Mann auf Händen getragen zu werden, sollten nicht mehr als 60 Kilo wiegen!

Wenn Frauen zu Kneipkuren gehen, machen ihre Männer Kneipentouren.

Auch Quark macht stark.

Wer tagelang ohne Getränke auskommt, ist ein Kamel.

Ein Skelett vor dem Spiegel: »Blöde Null-Diät!«

Wie man sich füttert, so wiegt man.

> # Ein guter Hahn
> # ist niemals fett.

Frau im Kosmetikgeschäft:
»Ich möchte einen fettarmen
Lippenstift. Mein Freund macht
gerade eine Abmagerungskur.

Leider zählen bei den Menschen die Masse heute mehr als die Werte.

Wenig herzlich ist es vor allem dort, wo es herzlich wenig zu essen gibt.

Dicke haben es
doppelt schwer.

KINDER

Beim Kindergeburtstag gehört: »Wenn ich fünf bin, brauche ich keinen Finger mehr krumm zu machen.«

Aus einem Schüler-Aufsatz: »Nur Diebe dürfen stehlen.«

Beim Anblick eines Storches im Zoo
meint der Kleine ganz enttäuscht:
»Du, Papi, der kennt mich gar nicht mehr.«

Auf die Frage, was wäre, wenn wir weder lesen noch schreiben könnten, antwortete der aufgeweckte Elfjährige dem Lehrer: »Dann hätten wir keinen Goethe, keinen Schiller, keinen Shakespeare. Nur Fotografen.«

Tipp
Geben Sie Ihrem Baby ausschliesslich Trockenmilch. Dann können Sie die Windeln nur ausschütteln.

**Hausbesitzer zum Mieter-Ehepaar:
»Es stört mich nicht, wenn Ihr Baby schreit.
Aber hören Sie bitte bloss mit
Ihren Schlafliedern auf!«**

*Schüler-Reim
Die Klassenarbeit ist versaut,
wenn einer dir den Spicker klaut.*

**Kinderfrage: »Liebe Mickey-Maus, magst du wirklich
keine Katzen?«**

*Ein sechsjähriges Mädchen auf die Frage nach
ihrem Berufswunsch: »Ich werde später einmal
nichts – wie Mama!«*

Ein kleiner Junge wird gefragt, ob er
Geschwister habe. Seine Antwort: »Nein. Meine
Mutter hat nur einmal geheiratet.«

Feststellung eines Schülers: »Lehrer sind wie Fixer. Sie denken immer an ihren Stoff.«

> ## *Harte Männer wurden als Kinder zu lange gekocht.*

Die kleine Tochter nach einem kleinen Streit zu ihrem Vater: »Ich sage nicht, was du bist, aber auf jeden Fall der unterste der Bremer Stadtmusikanten.«

Abendsprüchlein eines Mädchens: »Noch bin ich klein und schlaf allein, doch bald bin ich gross, und dann geht's los.«

Ein Schüler in einem Aufsatz zum Thema »Frieden«: »Frieden ist, wenn meine Mutter mich schlägt, wenn ich mit Panzern spielen will.«

Während eines starken Gewitters geht die Mutter ins Kinderzimmer, um zu sehen, ob das Söhnchen schläft. Da schlägt der Kleine die Augen auf und fragt: »Repariert Papi wieder den Fernseher?«

Kritzelei auf einer Gymnasium-Schulbank:
Trägt die Lehrerin keinen BH,
sind in der Mathe alle da.

Spray-Spruch an einem Schulhaus:
»Lehrerinnen und Lehrer, seid nett zu uns!
Wir zahlen euch später die AHV!«

Kindergebet: »Lieber Gott, wenn du mich schon nicht bessern kannst, dann mach doch bitte, dass Mami bessere Nerven bekommt.«

171

Tipp für die ideale Erziehung
Bei der Erziehung der eigenen Nachkommen braucht man sich nur vorzustellen, es seien fremde Kinder. Und wie fremde Kinder erzogen werden müssten, weiss ja schliesslich jeder!

Kinder brauchen dann am meisten Liebe, wenn sie es nicht verdienen.

Der Zweitklässler klagt bei seinen Eltern: »Mein Lehrer hat keine Ahnung. Laufend fragt er mich.«

Auf einer Geburtstags-Party wurde der Fünfjährige gefragt, warum er nicht mitsinge. Antwort: »Männer singen nur, wenn sie betrunken sind.«

Eltern begabter Kinder glauben an Vererbung.

Ein Mädchen verspricht ihrer Mutter am neunjährigen Geburtstag: »Von jetzt an will ich kein Sorgenkind mehr sein, sondern nur noch ein Freudenmädchen.«

Ein Schulabgänger in seinem Abschluss-Aufsatz: »Ich verspreche mir von der Zukunft nicht viel, dann kann sie es leichter halten.«

Ein Junge: »Mein Vater ist Mechaniker, und meine Mutter arbeitet als Haushälterin bei uns.«

Schüler-Feststellung
Am lautesten werden die Lehrer, wenn sie »Ruhe!« brüllen.

Schülerspruch
Gott sieht zwar alles, aber er petzt nicht!

Der Achtjährige seufzt: »Bekäme ich mehr Taschengeld, hätte ich auch mehr Übung im Rechnen.«

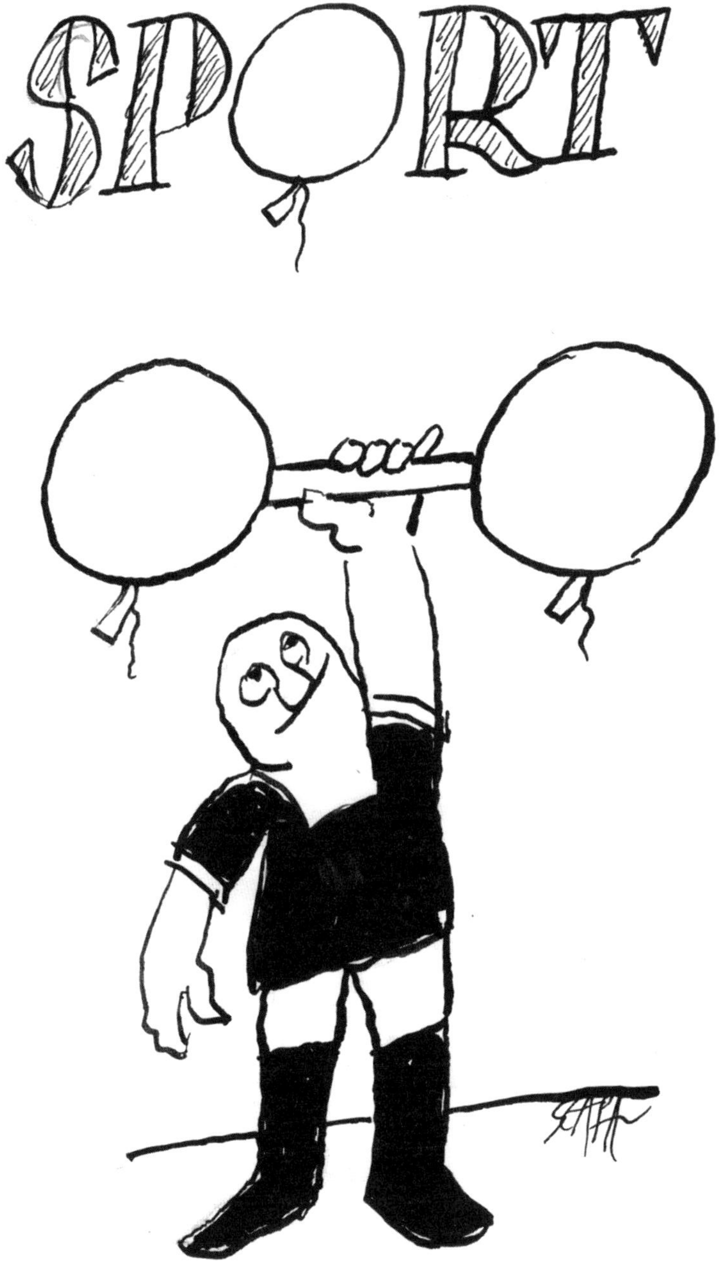
SPORT

> *Turnvater Jahn hat die vier F geprägt:*
> *Frisch, fromm, fröhlich, frei.*
> *Heute heisst das: Feierabend, Flaschenbier,*
> *Fernsehen, Fussball.*

Zeitungsanzeige: »Treten Sie unserem Fechtklub bei. Wir brauchen frisches Blut!«

Tipp
Sammeln Sie Briefmarken. Dann hat wenigstens Ihre
Zunge Bewegung!

Verteidiger zu seinem Nebenmann: »Hoffentlich schiesst Müller heute kein Tor. Ich hasse es, ihn jedes Mal zu umarmen.«

Tipp
Man kann auch ein Klavier als Fitnessgerät benutzen:
Spielen Sie mit den Füssen Klavier!

Was ist Dogging?
Jogging mit Hund.

*Sportkanonen sollten nur an-
und nicht abgefeuert werden.*

**Manche Reitstunden
verlaufen im Sande.**

**Was ist der Unterschied zwischen einem
Fussballtrainer und einem Elefanten?
Der Elefant kann nicht fliegen.**

*Die vernachlässigte Frau eines Sportlers fragt in
der Parfümerie: »Können Sie mir etwas verkaufen,
womit ich nach Fussball rieche?«*

*Fussballtrainer
in der Garderobe:
»Ihr habt euch
eine Erfrischung
verdient. Macht
ein Fenster auf.«*

Boxer glauben nicht an
Schicksalsschläge.

Wink für Passiv-Sportler:
Man trägt wieder Figur.

Die Skipiste ist ein Umweg zum Orthopäden.

TV-Reporter über das Abschneiden der Schweizer Schwimmer an einem internationalen Wettkampf: »Wir haben zwar keine Medaille errungen, aber zum Glück ist auch keiner ertrunken.«

Das Brutalste beim Fussball
sind die Eintrittspreise.

> Weshalb tragen Fussballer Rückennummern?
> Damit man sie findet, wenn sie auf verlorenem Posten stehen.

Skisport: Man soll den Tag nicht vor der Abfahrt loben.

»Man muss die Fünf auch mal gerade stehen lassen«, sagte der Schiedsrichter, als der gefoulte Spieler mit der Nummer 5 sich vor Schmerz krümmte.

Trimmen Sie sich. Springen Sie wieder einmal über den eigenen Schatten.

Übrigens: Rang 536 in einem Marathonlauf ist immer noch gesünder als der beste Platz an der Bar.

»Ich habe eine chlorreiche Karriere hinter mir«,
sagte der ehemalige Meisterschwimmer.

Andere Bezeichnung für Schützin: Ballerina.

Was ist der Unterschied zwischen Roger Federer und unseren Landwirten?
Es gibt keinen. Beide sind perfekt im Aufschlagen!

»Hufeisen bringen Glück«, sagte der Boxer – und steckte sich heimlich eines in den rechten Handschuh.

»Schön weit aufmachen«, sagte der Zahnarzt, als sein Golfball auf das Loch zurollte.

Titel in einer Lokalzeitung: Die Schützen trafen sich.

Wissen Sie, warum eine Fussballmannschaft ausgerechnet aus elf Mann besteht?
Weil heute schon jeder Zwölfte ein Rückenleiden hat.

Der Mann zu seiner Frau: »Was sagst du, ich möge Sport lieber als dich? Dabei liebe ich dich doch viel mehr als Wasserball, Bogenschiessen und Hornussen …!«

Der Sohn des Fussballprofis am letzten Tag des dritten Schuljahres: »Gute Nachricht, Papi. Mein Vertrag ist um eine Saison verlängert worden!«

Profiboxer können mit einem Schlag reich werden.

Fussballer-Weisheit
Ein Tor ist, wer keins schiesst.

»Boxen und Eishockey sind meine liebsten Sportarten«, sagte der Zahnarzt händereibend.

Libero als gekocht.

Eine Frau nach der ersten Reitstunde erschöpft: »Ich hätte nie geglaubt, dass ein Tier, das mit Heu gefüllt ist, so hart sein kann.«

Kegelklubs sind Vereinigungen mit umstürzlerischen Zielen.

Ein Mann auf die Frage,
warum er Bettler geworden ist:
»Angefangen hat es damit,
dass ich meinen Chef mehr-
mals nacheinander im Tennis
geschlagen habe …«

*Schiedsrichter pfeifen, weil sie sauer sind,
dass sie nicht mitspielen möchten.*

Wussten Sie schon …
… dass ein Hockeyschläger
nicht bestraft wird?

**Welche Sportler sind die Vornehmsten?
Die Boxer. Sie arbeiten nur mit Handschuhen.**

VERSICHERTE SCHREIBEN AN IHRE VERSICHERUNG

Meine verletzten Körperteile bitte ich dem Bericht des Kantonsspitals zu entnehmen.

Dr. med. dent. M. hat mir nach dem Unfall neue Zähne eingesetzt, die zu meiner Zufriedenheit ausgefallen sind.

Wäre ich nicht versichert, hätte ich den Unfall gar nie gehabt, denn ohne Versicherung fahre ich nicht.

Hiermit übersende ich Ihnen Rechnungen von meiner Frau und den zwei Kindern, die gestern eingegangen sind.

Ich bitte, die Rechnungen anzuerkennen, da meine Frau nach dem Verkehrsunfall mehrere Ärzte konsumiert hat.

Seit der Trennung von meinem Mann wird jeder notwendige Verkehr von meinem Rechtsanwalt erledigt.

Nach dem Unfall liess ich als langjährige Automobilistin zuerst meine Unschuld feststellen.

Ich bin krank und zweimal fast gestorben. Darum könnten Sie mir doch wenigstens die halbe Lebensversicherung auszahlen.

Mein Mann hat viele Verwundungen am Kopf erlitten, sie sind sogar tief. Doch die Ärzte halten eine Amputation nicht für notwendig.

Ich bitte Sie, die Impfung zu bezahlen, denn dank ihr bin ich jetzt ein ganzes Jahr unfruchtbar gegenüber Bakterien.

Ich habe noch nie
Fahrerflucht begangen,
im Gegenteil,
ich musste immer
weggetragen werden.

Unsere siebzehnjährige Tochter war lange krank, aber sie sagte es niemandem, sondern nahm heimlich jeden Tag eine Pille.

Mein Mann befindet sich in grösster Lebensgefahr, er ist bei Dr. med. B. in Behandlung.

Der Genannte antwortete auf die Bezichtigung, dass er ein Vollidiot sei, ausschliesslich mit Ohrfeigen.

Ich beurteilte die Dame, welche die Strasse überquerte, falsch.

Als ich den Verlust bemerkte, war die Filmausrüstung weg.

Die Autonummer habe ich mir nicht gemerkt, da ich ja in der Nacht überfahren worden bin und es ja dunkel war.

Ich drückte auf die Hupe, die aber nicht ging, da sie vor einigen Tagen gestohlen wurde.

Der Fussgänger sagte mir auf der Unfallstelle, dass ich ein ausgesprochener Trottel bin, und dafür habe ich Zeugen.

Mit gleicher Post schicke ich Ihnen eine Fotokopie meiner Schwiegermutter zu, mit der Bitte zur Weiterverarbeitung.

Meine Prämie ist bezahlt. Meine Frau wird regelmässig von der Kantonalbank abgezogen.

Ich überfuhr einen Mann. Er gab seine Schuld zu, da ihm dies schon einmal passiert war.

Wenn mein Mann wegen dem Verkehrsunfall angeklagt würde, könnte er nicht mehr Beamter sein, sondern er müsste arbeiten.

Ich habe jetzt einen neuen Doktor. Der erste Arzt nahm meine Hämorriden auf die leichte Schulter.

Mein Dachschaden wurde wie vorgesehen am nächsten Tag behoben.

Im gesetzlich zulässigen Höchsttempo kollidierte ich mit einer unvorschriftsmässigen Frau in der entgegengesetzten Richtung.

Ich habe den Hund meines Nachbarn erschossen, weil er, nachdem er mich gebissen hatte, auch noch ständig Grimassen schnitt.

> *Der Fussgänger rannte in mich und verschwand dann wortlos unter meinem Wagen.*

Die Art, wie mein Mann vor dem Unfall sein Auto gelenkt hat, zeugt davon, dass er an ein Weiterleben nach dem Tod glaubt.

Hiermit möchte ich Ihnen meinen Sohn als Unfall melden.

Ich kann mich als Unfallbeteiligter auf den gesunden Menschenverstand verlassen, und der reicht für eine einleuchtende Erklärung leider nicht aus.

Ich sagte dem anderen Idioten, was er sei, und fuhr weiter.

Ich entfernte mich vom Strassenrand, warf einen Blick auf meine Schwiegermutter und fuhr die Böschung hinunter.

Ich glaube nicht, dass der Zusammenstoss der Fehler von uns beiden war. Sollte es aber doch ein Fehler gewesen sein, so war es bestimmt der des anderen.

Sie sah mich, verlor ihren Kopf, und wir trafen heftig zusammen.

Als ich auf die Bremse treten wollte, war diese nicht da.

Ich hatte eine Meinungsverschiedenheit mit meinem Mann. Der Hund wurde wütend und biss mich in das linke Bein.

Meine Wirbelsäule musste zur Abklärung hospitalisiert werden.

Beim Warentransport mit dem Lift
zog ich die Lifttüre zu, bevor die
grosse Zehe ganz im Lift war.

*Wie hoch ist die Prämie für meine Frau, die
zwar im Oktober 65 Jahre alt wurde, aber
mindestens zehn Jahre jünger aussieht?*

*Der Mann, der mit dem Auto in mich hineinfuhr, machte
einen verwahrlosten Eindruck, trug aber keinen Bart.*

Die Massage hat meinen
Schultern wieder auf die
Beine geholfen.

Noch auf der
Unfallstelle wurden
mir Blut und
der Fahrausweis
abgenommen.

Nach dem Unfall glich unser Dorf einem Freudenhaus. Die Polizei hatte es für allen Verkehr abgeriegelt.

Zu meinem Unfall: Ich half gerade meiner Frau beim Treppenreinigen, indem ich sie mit Stahlspänen abrieb.

Wie ich Ihnen wegen meiner Haftpflichtversicherung bereits geschrieben habe, warf ich nur mit Tomaten nach ihm. Es könnte allerdings sein, dass es Tomatenbüchsen waren.

Der Schadenexperte war völlig ungehalten, als er auf mein Vorderteil blickte.

Bei dem Streit kam es zum Ausschlagen einer gewissen Anzahl von Zähnen, namentlich eines Schneidezahns.

Ich musste so viele Formulare ausfüllen, dass es mir bald lieber wäre, mein Mann wäre überhaupt nicht gestorben.

Wenn ich mein Schmerzensgeld nicht bekomme, so schicke ich meine Frau jeden Tag zu Ihrem Generaldirektor, bis es Folgen hat.

Ich habe von Geburt an ein Glasauge.

Ich fuhr mit meinem Wagen gegen eine Leitplanke, überschlug mich zweimal und prallte gegen einen Baum. Dann verlor ich die Herrschaft über meinen Wagen.

Die Unfallzeugen sind dem Schadenformular beigeheftet.

> *Ich bitte um Stundung meiner Versicherungs-*
> *prämien. Seit meine Frau gestorben ist, fällt es*
> *mir ohnehin schwer, mein kleines Milchgeschäft*
> *hochzuhalten.*

Vorerst habe ich nicht die Absicht
zu sterben und ich brauche deshalb
keine Lebensversicherung. Wenn es
so weit ist, rufe ich Sie an.

Nach dem Zusammenstoss mit seinem Wagen
ist unser Sohn einer Polizeistreife in die Arme
gelaufen und geriet in falsche Hände.

Nach ambulanter Behandlung
konnte ich meinen Finger wieder
mit nach Hause nehmen.

Haben Sie vielen Dank für die mir geleistete Hilfe bei der Brandstiftung meines Hauses.

Mein Mann wurde mit Geldsucht ins Spital eingeliefert.

Der Nachbarshund begann an mir zu schnüffeln. Ohne eine Silbe zu sagen, biss er mich plötzlich ins Bein.

Ich verlange unverzüglich einen herzlichen Untersuch.

Es hat mir niemand gesagt, an was mein Mann gestorben ist, vermutlich hat es sich um ein Arztgeheimnis gehandelt.

Die Polizei wurde von dem auf dem Dach liegenden Auto verständigt.

Hätte der Fahrer die Umleitungsschilder beachtet, wäre der Unfall mit Sicherheit nicht an dieser Stelle passiert.

Mein Mann ist am 18. März gestorben. Bis zu seiner Veräusserung bleibt das Fahrzeug angemeldet.

... ausser dem Polizisten wurden auch Menschen verletzt.

Ich bitte um den Besuch eines Versicherungsmitarbeiters, der meine Verhältnisse in Ordnung bringt.

Der Fussgänger hatte anscheinend keine Ahnung, in welche Richtung er gehen sollte, und so überfuhr ich ihn.

Der Zeuge meines Verkehrs-unfalls kann leider nicht vernommen werden, weil er zurzeit verstorben ist.

Die Polizisten, die den Unfall aufnahmen, bekamen von meiner Braut alles gezeigt, was sie sehen wollten.

Ich dachte, das Fenster sei offen. Es war jedoch geschlossen. Wie sich herausstellte, als ich meinen Kopf hindurchstreckte.

Der Velofahrer, der am Unfallort alles miterlebte, hatte der Fahrerin meines Autos aufrichtig erklärt, dass er seiner Zeugungspflicht nachkommen wird.

Es ist zum einen unmöglich, dass die Polizei bei mir einen schwankenden oder unsicheren Gang bemerkt haben konnte, da ich getragen wurde. Zum anderen konnte schon deshalb keine lallende Aussprache bemerkt werden, weil ich bewusstlos war.

Noch am Unfallort konnte die Unschuld der Fahrerin einwandfrei festgestellt werden.

Ein Zeuge: »Ich sah, wie die zwei Autos zusammenprallten. Der Fahrer des einen Wagens verlor dabei den Kopf und ergriff die Flucht.«

In hohem Tempo näherte sich mir der Strommast. Ich schlug einen Zickzack-Kurs ein, aber dennoch traf der Mast mich am Kühler.

Der andere Wagen
war absolut
unsichtbar und
dann verschwand
er wieder.

Ihr persönliches HOROSKOP

WIDDER

Drei Jahre lang waren Sie nun sehr glücklich liiert. Bald gibt Ihr Mann seinen Job im Ausland auf und kommt nach Hause.

Ab Montag hat Ihre Frau zu Hause nichts mehr zu sagen. Ihre Schwiegermutter zieht ein.

Ihre Muffigkeit treibt Ihre Frau noch zur Scheidung. Jetzt haben Sie Ihr bereits den vierten Hausfreund hinausgeekelt.

Als junge Frau sollten Sie niemals allein in die Wohnung eines fremden Mannes gehen. Er muss schon mitkommen.

STIER

Über das Wochenende bleiben Sie cool. Das hat man davon, wenn man sich am Freitagabend im Kühlraum des Supermarktes einschliessen lässt.

Sie träumen so lange von Ihrem Glück, bis Sie es verschlafen haben.

Über manches, das Sie nicht schwarz auf weiss sehen, müssen Sie sich diese Woche grün und blau ärgern.

Sie bersten diese Woche nur so vor Energie. Reissen Sie trotzdem keine Bäume aus. Dafür brauchen Sie eine Genehmigung.

ZWILLINGE

Eine Woche voller Überraschungen. Das Glück kommt auf Sie zu, biegt aber kurz vorher wieder links ab.

Merken Sie sich: Es ist mitunter ein Zeichen von Klugheit, sich im richtigen Augenblick dumm zu stellen.

Obschon Sie reich sind, wird man Ihnen am Freitag ein Armutszeugnis ausstellen.

Als sparsame Frau wollten Sie schon immer Strom sparen. Darum haben Sie jetzt einen Armleuchter geheiratet.

KREBS

Sie brechen demnächst alle Brücken hinter sich ab, um ein neues Leben zu beginnen. Und zwar im Gefängnis...

Demnächst sind Sie völlig haltlos. Selber schuld, wenn Sie die Hosenträger verlieren.

Bald kommen Sie in eine kitzlige Situation. Dabei wird Ihnen das Lachen vergehen.

Sie erobern alle Frauen im Sturm. Das ist Ihr grosser Vorteil als Kreuzfahrt-Kapitän.

LÖWE

Bald werden Sie sich in einen grossen schlanken Mann verlieben. Die Frage ist nur, was sie mit Ihrem kleinen dicken machen sollen.

Stellen Sie sich wieder einmal auf die Waage und merken Sie sich: Rache ist süss, jede Süssigkeit rächt sich.

Ihr Chef behandelt Sie in diesen Tagen wie ein rohes Ei. Er haut Sie in die Pfanne.

Sie sind sehr geizig. Sonst würden Sie nicht so ein Theater machen, bloss weil Ihr Baby einen Zweifränkler verschluckt hat.

JUNGFRAU

Sie haben diese Woche ein Brett vor dem Kopf. Aber das ist immerhin besser als ein Balken im Auge.

Sie wären von Natur gerne ein Feigling, aber Ihnen fehlt der Mut dazu.

Unerwartet werden Sie aus der Bahn geworfen. Ist ja auch kein Wunder, so wie Sie sich aufführen. Man zieht doch nicht einfach ohne Grund die Notbremse.

Ein packendes Wochenende kommt auf Sie zu. Das kommt davon, wenn man die Miete nicht bezahlt hat und die Wohnung räumen muss.

WAAGE

Am Montag beginnt ein dunkler Abschnitt in Ihrem Leben. Das kommt davon, wenn man die Stromrechnung nicht bezahlt.

Komisch, dass Sie nicht wissen, was Ihnen blüht. Sie sind doch Gärtner.

Sie sind ein grosser Patriot. Sonst würden Sie nicht beim Ausfüllen der Steuererklärung die Nationalhymne summen.

Ein altes Leiden macht sich wieder bemerkbar. Ihr Exmann kommt zu Besuch.

SKORPION

In Ihrem Portemonnaie herrscht Ebbe. Wie können Sie nur Ihren Geldbeutel Geld am Meer liegen lassen.

Bei einem Theaterbesuch lernen Sie aus dem Schicksal von Maria Stuart, dass man den Kopf nicht verlieren soll.

Ein Mann schafft es diese Woche, Sie leiden zu lassen. Es ist Ihr Zahnarzt.

Sie wollen am Sonntag Brahms hören, Ihre Frau Mozart. Das gibt Händel.

SCHÜTZE

Alle finden, dass Sie in Ordnung sind.
Doch kaum werden Sie wieder nüchtern,
sind Sie das alte Ekel wie eh und je.

Da Sie nicht die erste Geige spielen,
können Sie ja immerhin Trübsal
blasen.

**Endlich ist bei Ihnen der Knoten geplatzt. Schon
peinlich, wenn man ohne Badehose im Hallenbad steht.**

Als Sänger sollten Sie nur noch in
Gefängnissen auftreten. Dort können
Ihnen die Zuhörer nicht weglaufen.

STEINBOCK

Sie und Ihre Frau passen hervorragend zusammen. Ihnen ist alles wurst, und sie gibt zu allem ihren Senf dazu.

Am Wochenende sollten Sie sich wieder einmal 59 Minuten Zeit nehmen – für eine schwache Stunde.

Auf einer grossen Reise lernen Sie die Wüste Sahara kennen. Vergessen Sie nicht, dass Sie verheiratet sind.

Sie neigen immer wieder zu Hamsterkäufen. Die sind aber unsinnig, da es den Tierchen in der Vorratskammer zu kalt ist.

WASSERMANN

Endlich finden Sie den ersehnten Anschluss. Es war ja auch an der Zeit, nachdem Sie auf dem Bahnhof stundenlang Gleis 14 gesucht haben.

Gegen Ihre Pechsträhnen ist auch ein Coiffeur machtlos.

Ihre Frau hat diese Woche viel gegen Sie in der Hand. Teller, Tassen, Blumentöpfe, Schrubber …

Wenn Ihre Frau am Wochenende schwarze Dessous trägt, muss das nicht unbedingt bedeuten, dass sie in Trauer ist.

FISCHE

Am Freitag verrenkt Ihnen eine Frau den Hals. Wie können Sie auch nur so bescheuert sein, ausgerechnet eine Judomeisterin anzumachen.

Am Sonntag werden Sie ohnmächtig am Boden liegen. Selber schuld, wenn Sie das Tagebuch Ihrer sechzehnjährigen Tochter lesen.

In den nächsten Tagen begreifen Sie endlich die Relativitätstheorie. Es fällt Ihnen Einstein vom Herzen.

Ihr Bubentraum geht in Erfüllung. Sie werden Starfotograf. Es dürfte aber ziemlich langweilig sein, den ganzen Tag nur Vögel zu fotografieren.